AF237391

Lina Dimia Lune

Vielleicht sind Worte über was sonst
nur in Gedanken ist

der erste Klang von
Revolution

poetry

Bibliografische Information der Deutschen Nationalbibliothek:
Die Deutsche Nationalbibliothek verzeichnet diese Publikation in
der Deutschen Nationalbibliografie, detaillierte bibliografische
Daten sind im Internet über http://dnb.dnb.de abrufbar.

© 2021 Lina Dimia Lune

Herstellung und Verlag

BoD – Books on Demand, Norderstedt

ISBN: 9783754396216

Verwendete Grafik: iStock.com/Tetiana Garkusha

Instagram: linadimialune

Inhaltsverzeichnis

I

II

Für alle,
die das Gefühl haben, irgendwie falsch zu sein und
nicht hineinzupassen, die sich einsam fühlen und an
sich zweifeln.

Für mein jüngeres Selbst.

Für das, was wir hoffentlich eines Tages gemeinsam
sein können.

Vorwort

Meine Texte sind Momentaufnahmen meiner
Gefühle und Gedanken, die im nächsten Augen-
blick schon wieder beginnen, ihre Form zu
verändern
- ein bisschen wie Fotos, nur umgekehrt.
Sie bilden das von mir ab, was sonst nicht immer
sichtbar und erkennbar ist, sind Spuren der stetigen
Veränderung einer gleichen inneren Essenz. Einen
Plan habe ich dabei selten, Buchstaben fließen
intuitiv impulsiv auf Papier wie Regen aus einer zu
vollen Wolke auf die Erde. Und wo sie landen,
weiß ich nie. Vielleicht irgendwo in dir, vielleicht
irgendwo zwischen uns oder ganz woanders.
Dieses Buch ist der Ausdruck dessen, was über
einen Zeitraum von 2,5 Jahren hinweg in mir
vorging, die Texte sind überwiegend chronologisch
angeordnet, zeichnen den Verlauf meiner Entwick-
lung nach. Stimmungen gehen wechselnd
ineinander über, auf Fragen folgen Ideen, Einge-
ständnisse, Perspektiven, bis ich wieder bei Fragen
ankomme.
Es geht um Grenzen, die verschwimmen, Welten,
die ineinander übergehen und doch vielleicht am
Ende dieselbe sind. Weil das, was ich bin, und das,
was um mich ist, immer zusammenhängt und nicht

getrennt voneinander existiert. Es geht darum, was es vielleicht bedeutet, dass ich genau diese Dinge fühle und denke und in genau dieser Gesellschaft lebe, während ich das starke Gefühl habe, dass vieles einfach anders sein sollte. Und darum, was aus diesem Gefühl werden kann. Es geht um etwas, das innen beginnt und sich außen fortsetzt und immerzu im Wechselspiel steht. Vielleicht geht es vor allem um Veränderung, um die Momente, die schon eingefangen sind und um die, die noch gestaltet werden können und die Möglichkeit, die darin liegt.

Ich mache sichtbar, was unter meiner Oberfläche ist, nehme jede dieser Momentaufnahmen an und lasse sie los. War lange genug versteckt und still zwischen so vielem, was zu laut ist, hole mir meinen Raum zurück und vielleicht geht es dir ähnlich und das hier kann eine Erinnerung sein, dass Menschen niemals Fehler sind und Enge niemals da ist, um zu bleiben.

Inhaltshinweis

In den Gedichten werden teilweise negative bis depressive Gedanken, Gefühle und Selbstbezüge, Weltschmerz, unterschiedliche Unterdrückungsformen, inneres Coming Out, unterdrückte sexuelle Identität und Ängste thematisiert. Wenn du dir nicht sicher bist, ob es dir gerade guttut, über diese Themen zu lesen, dann lies das Buch lieber zu einem anderen Zeitpunkt oder nur im Beisein einer Person, bei der du dich wohl fühlst.

Das Buch ist Ausdruck einer inneren Entwicklung und bleibt nicht bei den eben genannten Dingen stehen. Einige der Texte schaffen zugleich auch Hoffnung, Zuversicht, innere Ruhe und das Gefühl, nicht alleine zu sein und gemeinsam etwas verändern zu können. Mein Ziel wäre es, dass es dadurch insgesamt ein positives Gesamtgefühl zurücklässt.

Ich hoffe, dir geht es gut und du kannst aus diesen Texten etwas Positives für dich mitnehmen.

Über Sprache

Anmerkung

Sprache hat einen erheblichen Einfluss auf unsere Wahrnehmung und unser Denken, bildet eine Realität ab und schafft sie damit mit.

Daher ist es mir sehr wichtig, in meinen Texten auf eine diskriminierungsfreie Sprache zu achten.

Dies und vielleicht besonders eine gendergerechte Ausdrucksweise sind vor allem in lyrischer Literatur noch sehr neu und eventuell ungewohnt. Die Tatsache, dass Sprache sich mit Gesellschaft im Laufe der Zeit mitverändert und anpasst, ist jedoch absolut nichts Neues, vielmehr etwas, das passiert, seit es Sprache gibt. Ich freue mich, wenn du dich darauf einlässt, mich auch gerne wissen lässt, wo ich das vielleicht noch verbessern kann, und wir zusammen lernen können, ergänzend zu anderen gesellschaftlichen Ebenen, auch (geschrie-bene) Sprache inklusiver zu gestalten.

like songs

people are like songs

when we truly listen
we realize
that there is so much more
than just their melodies
that makes them sound
the way they do

Ich bin (mir nicht sicher)

Ich
ein Name
ein Gesicht
frag' mich, was das ist
ein Traum –
ein bisschen meiner
ein bisschen deiner
kaum ein Schatten
fast ein Licht
manchmal weiß ich's
manchmal nicht

Ich glaube, ich bin
aber bin mir nicht sicher
bin, was ich glaube
doch glaube nicht immer
ein Wort, ja vielleicht
kann es drehen und wenden
von außen nach innen
und wieder zurück
bin, was ich sage
oder bin, was ich denke?

Ich denke, da ist
eine Welt
in dir
und in mir
und drumherum, fast mittendrin
ich bin
hier
du bist
da
oder sind das nur Schatten
dessen, was ist?

Ich denke, ich träume
seh' Geschichten in Menschen
hör' Melodien im Wind
bin Fantasie
frag' mich, träum' ich zu viel?

Ich glaube, ich denke
denke manchmal zu sehr
bin leiser von außen
lauter in mir

suche den Schnittpunkt
das Dazwischen
von Stille und Sturm

Ich
ein Name
ein Gesicht
ein schwankendes Gleichgewicht
aus Schatten und Licht
Zentrum des Wirbels
aus traumgedankenglaubeworten
öfter weiß ich's
seltener nicht
immer weiter nach vorne
weg von "bin mir nicht sicher"
ich weiß, ich bin
bin einfach Ich

Künstler:innen

Halb hier
halb woanders
bisschen irgendwo dazwischen
schon gefunden
immer noch suchend
fast schon wissend, was man will
brauchen Zeit – nur noch ein wenig
stehen knapp vorm Ziel

Doch Zeiger rennen
stillstehen kostet
Entscheidung jetzt
die Chance ergreifen
wenn dann Scheine rascheln, schnell Glück
erbauen
Stein auf Stein
Zaun drumherum
markieren, was nur uns gehört
damit es jede:r sehen kann
Und wir sind alle Künstler:innen
malen uns ein Lächeln aufs Gesicht
zufrieden, solang' es strahlender als das der
anderen ist

Ganz hier
nirgendwo anders
angekommen
Das Dazwischen zur Seite geschoben
alles habend, was man will
Füße hoch, haben's uns verdient
Fernseher an, Leben aus
die Stille übertönen
aus den Augen
aus dem Sinn
Sind noch immer Künstler:innen
meisterhaft verdrängend
Lächeln kaschiert Zweifel
Scheinbild über Wahrheit
mit dem kleinsten Pinselstrich
alles nur, um nicht zu fragen
ist das wirklich Glück
und bin das wirklich ich?

Leinwand

Ich öffne die Augen und sehe eine Leinwand.
Tausend Farben, tausend Striche.
Verwirbelt, verworren.
Unklar, verkleckst. Ein Bild, gemalt von tausend
Händen. Und dann, schemenhaft zuerst und jetzt
so klar inmitten des Durcheinanders:
mein Gesicht.
Wie merkwürdig, denke ich und nehme den Pinsel
in die Hand.

Das Rad

In unseren Köpfen
wurde Glück mit Wohlstand vertauscht
und nach all dieser Zeit
fällt keinem Menschen mehr der Unterschied auf
und so drehen wir uns ständig
im Rad des Konsums
und uns ist schwindelig
ohne zu wissen, warum
schauen uns doch nur um
um zu vergleichen
und uns dann selber zu sagen
dass wir nicht reichen
wie ferngesteuert greifen
wir ohne zu denken
nach Besitz
und lassen dabei jedes Mal
ein kleines Stück von uns selbst zurück
und dann stehen wir da
mit vollen Schränken und Händen
und fühlen uns leer
allein mit der Frage
wo kommt das nur her?

Ausblick

Manchmal still. Manchmal laut.
Hin - und hergerissen zwischen Ruhe und Sturm
 - einsam, irgendwie, doch Teil von etwas.
Immer Bewegung, niemals Stillstand und Starre.
Schönheit, Sonnenuntergang.
Orangeblau vermischtes Schimmern der
Oberfläche.
Tiefe, beeindruckend und unergründlich und
wahrscheinlich deshalb so faszinierend.
Und ich denke, ein bisschen sind Menschen wie
das Meer.

Wahrheit

Es ist merkwürdig, denke ich
wie wir jahrelang zur Schule gehen
uns im Kreise drehen
zwischen Büchern und Theorien
und Wissenschaft und Glauben
uns bilden und lernen
und reifen, irgendwie
und wenn wir dann fertig sind
endlich raus in die Welt
die Freiheit, das Leben beginnt
es dann ist, als wüsste man nichts
und man stolpert und strauchelt
und kann kaum sicher stehen
und ja, schon klar
das ist eben nicht der Sinn von Schule
uns beizubringen, wie leben geht
und wer wir wirklich sind
und wie das Herz der Menschheit in Wahrheit
schlägt
Ist schon okay, das ist eben unser eigener Job
zu fallen, zu brechen
das alles zu fühlen
dieses Durcheinander aus Schmerz und Welt-
schmerz
aus individueller Erfahrung und kollektivem Leid

und wo sind da überhaupt die Grenzen?
Wo hör' ich auf und wo fängt er an, der Rest der
Welt
und ist das überhaupt zu trennen?
Ich frag' mich, was ist das, das hinter all dem steckt
das uns so funktionierend scheitern lässt
jede:r für sich und wir alle zugleich
und das alles verschwimmt
und niemand durchschaut's
kein Mensch kann sie sehen
- die Wahrheit
Das Wort, das den vielleicht höchsten Anspruch
stellt
nämlich wahr zu sein
das abzubilden, was wirklich ist
Und ich frag' mich, geht das überhaupt?
Kann irgendetwas wahr sein, in einer Welt wie
dieser?
In der laut sein und gehört werden etwas ist
das nur ausgewählten Wenigen vorbehalten bleibt
In welcher der nie gehörte „Rest" übergangen wird
In der sich melden und sprechen nicht reicht
um gesehen zu werden
weil da so viel ist, das Schreien in Schweigen
verwandelt
und Perspektiven im Keim erstickt
In der Wissen als unveränderlich gilt
Wunden der Jahrtausende so unbemerkt weiterbe-
stehen

und Geld noch immer lauter als Gerechtigkeit ist
Wie kann das alles wahr sein
von dem wir lernten, dass es eben so ist
wenn das Erkenntnisse der immer selben Wenigen
sind?
Verloren, vergessen die Milliarden anderen
die da waren und sind
und niemals minder wahr als die
deren Namen im Gedächtnis der Menschheit
blieben
Ich glaube, Wahrheit
das bist du
das bin ich
das sind alle
die leben
und jemals gelebt haben
ist alles, was wir alleine sind
und die Summe davon
Und ich weiß nicht
ergibt das Sinn?
Und kann das sein?
Denn dann wäre nichts
was mir jemals vorgegeben wurde
völlig wahr
und die Wahrheit
das wäre dann eine Suche
ein vielleicht unergründlicher Weg
es wäre deiner
wäre meiner

und das alles in einem und ich frag' mich
wäre das möglich?
Dass wir uns verlieren und finden
im Lesen und Zuhören
Sprechen und Stillsein
in Worten und Perspektiven
und allem, was ist?
Wäre das denkbar
das Loslassen von all den festgefahrenen Bildern
in unseren eingeengten Köpfen
und das Annehmen davon
was da noch ist?
Und könnten wir mehr sein
als dieser chaotische Haufen
aus fühlenden Milliarden
dieses unglaubliche Paradoxon
von
Liebe
Zusammensein
Zugehörigkeit
suchen
und
Hass
Einsamkeit
Getrenntsein
finden?
Könnten wir das?
Und obwohl ich hoffnungslos zweifle
wage ich zu träumen

denn sonst kann ich nur stolpern und straucheln
kaum sicher stehen
betäubt von Schmerz und Weltschmerz
verloren in eigener Erfahrung
und kollektivem Leid
die nicht ohneeinander bestehen
und obwohl es mir Angst macht und ich unsicher
bin
trau ich mich, aufzustehen, loszugehen
sie zu sprechen, die Worte, die in mir brennen
auch wenn ich nicht weiß, ob ihr sie jemals hört
Ich mach's jetzt
dreh' mein Innen nach Außen
und bin, wie ich bin
und vielleicht, irgendwann
kann es wahr sein
dass wir lernen
wie leben geht
und dass wir eins sind
und jede:r Einzelne
dieser unzähligen Milliarden zählt

Realitätsmalerei

Wir wollen nichts
und tun doch alles
um sie nicht zu sehen
diese schattenhafte Version
die wir leben
und es uns bloß nicht einzugestehen
dass wir das
was wir suchen
niemals in dem finden
wonach wir streben

Haben uns doch eingeredet
von Anfang an
wie gut wir es haben
diese Realität bereitwillig bemalt
mit glänzenden Farben
und ja klar, ist schon besser hier als anderswo
doch wirklich zufrieden
wären wir nirgendwo

Warum, wofür

Ich will nicht mehr denken
meine Gedanken machen mich kaputt
ich weiß nicht
wann sie so laut geworden sind
und wann ich angefangen habe
ihnen zu glauben
irgendwie sind sie zu meiner Realität geworden
und die eigentliche
hab' ich zu sehen verlernt

Was mich tröstet ist
ich bin nicht die Einzige
der es so geht
und zugleich
macht es so unendlich wütend

Kann sie schon gar nicht mehr zählen
die kaputten Menschen
die ich gesehen habe
die eingeschlossen sind
in ihren Köpfen
und verschwommene Versionen ihrer selbst leben
und wenn es was gibt
was ich nicht mehr kann
dann weiter Menschen zerbrechen zu sehen

Warum, wofür
wieso eigentlich
warum sind die Menschen
die wir am meisten belügen
eigentlich wir selbst
und wieso ist das so ausweglos

Schon klar, da gibt es eben diese Ordnung
ja ich weiß, wir wollen doch nur genügen
sicher und gut sein
und da gibt es eben diese Liste
die erfüllt werden muss
das ist halt einfach so
und Wege mit Widerstand sind so schwer zu gehen

Ich weiß, du hast Angst
glaub mir, ich auch
am meisten vor mir selbst
denn was tut man
wenn man rausfindet
wer man wirklich ist
und merkt
das passt nicht in diese Welt

Denn scheiße, ich kann es doch nicht ändern
hab nie ausgesucht

zu sein, was ich bin
und du auch nicht, ich weiß
sind keine Variablen
niemals veränderbar
in dem, was wir in uns sind

Und doch
finden wir uns ständig dabei wieder
wie wir genau das versuchen
zu ändern, was wir sind
um einfach zu passen

Kein Mensch will Probleme
und Probleme entstehen
weil Menschen zu Problemen gemacht werden

Und ist das nicht die Lösung?
es ist nicht
was wir sind
sondern
was von uns erwartet wird

Und das, das ist es doch
was man ändern kann
das Konstrukt
in dem gelebt wird

und nicht das
was lebt

Ganz ehrlich, das ergibt doch einfach Sinn
diese Enge ist da
um durchbrochen zu werden
und wir sind da
um zu sein
was wir wirklich sind
das wars

Das Rennen

Ein langer dunkler Flur, von Stille beherrscht.
Er scheint keinen Anfang zu haben, nur ein Ende:
eine schlichte, hölzerne Tür. Ich stehe irgendwo
dazwischen in unschätzbarer Entfernung, weiß
nicht, wie ich hergekommen bin, weiß nicht, wieso
ich hier bin. Nur, dass ich stillstehe, in diesem
Moment. Und dass ich weitermuss. Kaum ist dieser
Entschluss getroffen, höre ich sie. Ich habe sie
immer gehört. Angst, Zweifel, Unsicherheit, Perfek-
tionismus. Sie haben viele Namen.
Doch ich mache langsam einen Schritt nach vorn.
Sie werden lauter, mögen es nicht, ignoriert zu
werden. Mein Blick geht starr geradeaus. Ich
zwinge meine Füße, einen weiteren Schritt zu
machen. Und sie werden lauter. Ich laufe, weiter.
Und sie werden lauter. Ich gehe, schneller. Und sie
werden lauter. Ein paar Meter noch und plötzlich
ist es klar. Werde dieses Rennen nie gewinnen, bin
doch die Einzige, die rennt. Und sie sind laut und
sie sind in meinem Kopf. Und das ist es, ich weiß,
das ist es. Die Dunkelheit um mich beginnt zu
weichen und die hölzerne Tür, sie kommt näher,
denn ich werde lauter.

Die Zugfahrt

Ich sitze im Zug, mit Stift und Papier gegen das
Fenster gelehnt, und versuche sie zu finden, die
Worte, die zu den Gedanken in meinem Kopf
passen.

Da ist so viel im Moment, durcheinander, verwir-
belt, unsortiert.

Und im nächsten Augenblick völlige Leere.

Vielleicht, weil es nicht bloß in meinem Kopf ist,
sondern tiefer, größer.

Und weil es zugleich nicht einmal in den Köpfen
der meisten anderen zu sein scheint.

Ich habe keine Ahnung, wo es anfing, was zuerst
war. Erkenntnisse verwirbelt mit Fragen, begleitet
von Überforderung, Angst, verdrängen, gleichgültig
reden, irgendwann annehmen. Oder so ähnlich.

Wahrscheinlich anders, aber etwa so.

Da waren tausend Fragen, die durcheinanderbrach-
ten, was ich kannte, dachte, glaubte.

Was ich gewohnt war, was eben einfach so war, als
wäre es nie anders gewesen.

Kann mich nicht erinnern, wann die Fragen vom
Außen wirklich in mein Innen gelangt sind, oder ob
es andersrum war. Und was es verursacht hat,
dieses Chaos in mir. Rückblickend denke ich, es

muss schon immer da gewesen sein, irgendwie und wurde nur wieder hervorgelockt. Weil es Zeit war. Zeit ist.

Chaos – das klingt irgendwie so schrecklich.

So nach Katastrophe. Wahrscheinlich, weil es Kontrollverlust bedeutet und Menschen haben Angst ohne Kontrolle. Doch dieses war eher wie reflexartiges Luftschnappen, nachdem der Kopf zu lange unter Wasser gewesen war.

Und die Luft – sie atmet sich jetzt anders, irgendwie.

Von instinktiv automatisch zu lebendigbewusst und aufgeladen. Darf und muss sie selbst benennen, all die Dinge, die ich dachte, zu kennen.

Bedeutung und Tiefe in unscheinbarer Leere und da sind sie, die Gedanken, in ihrer endlosen Zahl. Wirbeln um mich, in mir.

Manchmal so schnell und schwer, dass ich es vergesse, das Atmen. Doch nie für zu lang.

Und die Schleier, sie sind gefallen, zumindest die ersten. Hab ein zweites Mal sehen gelernt. Habe ihn entdeckt, den Blick, der tiefer geht. Hinweg über Grenzen und Muster und Normen und das Bild, das ich hatte, welches nicht mein eigenes war. Vielmehr das einer Welt, die ein Spiel mit uralten Regeln spielt. Ein Spiel, in dem Gewinnende nicht zu Verlierenden werden wollen.

Nur hab' ich das Gefühl, dass Gewinn verfehlt wurde in seiner Bedeutung, entfremdet und deformiert und zu dem Preis, der nicht gezahlt werden darf. Und doch passiert es. Schon immer, immer noch.

Und ich sehe die Landschaft aus dem Fenster an mir vorbeiziehen und denke an all die schlagenden Herzen in den Häusern auf der anderen Seite der Glasscheibe. Stelle mir vor, wie sie fühlen, lachen, weinen, leiden in diesem Moment. Alle irgendwie eingesponnen in dieses verdrehte Regelgeflecht der Jahrtausende. Und ich spüre den Schmerz in mir und die Träne, die von meiner Wange tropft. Komme manchmal oder öfter nicht ganz klar mit all den Emotionen, die in einer einzigen Sekunde enthalten sind. Ich mache mich auf, gehe raus aus meinem Kopf und fühle von allem ein bisschen und von mir selbst nicht mehr viel.

Und doch ist alles ein bisschen gleich und ein bisschen eins. Da ist so viel Trennung und Schmerz und Wut und gleichzeitig Verbundenheit. Wohin damit, was soll ich tun? Wie kann das alles anders werden?

Täglich und seit gefühlt schon immer reden wir von einer besseren Welt und wissen, dass mit der aktuellen etwas nicht stimmt.

Und wir sind ständig im Wandel und stehen doch noch immer vor denselben Fragen. Ja, irgendwie sind wir wie dieser Zug. Fortwährend in Bewegung, rasen zu auf ein festgelegtes Ziel, das wir nicht ändern können, denn wir sind es nicht, die steuern.

Und wir bleiben dabei, steigen ein und aus und aus und ein auf nie endenden Reisen, in denen Machen mit Warten verschwimmt und irgendwann bemerken wir dann, dass wir nie versucht haben, ihn zu ändern. Den Fahrplan. Haben uns nie zuständig gefühlt, denn die Pläne machen, dafür gibt es doch Leute. Und wir, wir fahren doch nur mit.

Haben eigene Aufgaben, andere und das hier gehört nicht dazu, denken wir. Wir fahren nur mit. Und wir fahren. In die immer selbe Richtung und verlieren uns im Klagen über Zwischenstationen und Ankunftsort und vergessen dabei, dass es andere Richtungen gibt. Und dass wir ihn mitschreiben können, den Plan, der uns bestimmt.

Ich lasse meinen Blick mit einem leichten Trancegefühl über die Menschen gleiten, die mit mir hier in diesem Abteil sitzen und frage mich, was sie gerade beschäftigt. Frage mich, ob sie auch träumen wie ich. Lasse mich kurz fallen in diese Einheit aus Unterschiedlichkeit, die sie alle bilden und denke, vielleicht ist es das. Die Antwort, die Veränderung ermöglicht. Das Träumen von einem Ideal, das, wenn Menschen sich trauen, zu Machen und dann zu Hoffnung wird. Am Anfang jeder Handlung steht ein Gedanke steht ein Gefühl. Und vielleicht ist es meine naivste Schwäche, vielleicht meine tiefste Stärke, dass ich sie unerschütterlich in mir trage. Die Überzeugung, dass die Möglichkeit auf positive Veränderung besteht.

Einfach, weil alles, was passieren kann, möglich ist. Und weil das, was wir träumen können, passieren muss.

Intuition

Bewegung
in der Luft um mich
flimmert, vibriert
wirbelt, tanzt
hält inne, und ich
lass' los, mache mit
bin Wind, Sturm
Leichtigkeit, Stillstand
bleibe stehen, alles stumm
mein Atem laut
und ich weiß
das ist mein Weg

Filterblick

Wir sehen Menschen
nicht wie sie sind
sondern legen Filter
aus Kategorien
auf ihr Profil
projizieren letztlich nur
was wir gelernt haben
in ihnen zu sehen

Farben und Pflicht

Ich stehe hier in diesem winzig kleinen Universum,
das ich als mein Leben erfahre und lasse meinen
Blick schweifen. Will sehen, was hinter diesen
Grenzen liegt. Was passiert, hier und jetzt, während
ich atme, ohne dass ich es sehen kann. Ohne, dass
es wirklich für mich greifbar ist.

Es ist gleichzeitig echt und real und doch unsichtbar
und weit weg. Es ist leicht, zu vergessen, dass da
mehr ist. Mehr, als man sieht. Man kann, wenn
man steht, wo ich stehe, einfach Augen und Ohren
verschließen, es sich in seinen Grenzen gemütlich
machen und es ist, als wäre das eigene
Mikrouniversum das einzige, das existiert.

Aber das wäre eine Lüge. Eine Illusion. Und ich
will nicht in einer Scheinwelt leben.
Ich lasse meinen Blick schweifen. Direkt vor mir ist
deine Welt. Und ihre Welt. Und seine Welt. Und
Milliarden weitere. Da ist so viel, innen und außen
und drumherum. Alles ist für sich und wirbelt doch
durcheinander. Ein riesiger Topf voll Emotionen,
Identitäten, Sein.
Ein unvorstellbares Spektrum an Farben, Facetten,
Wahrnehmungen.
So viele Differenzen, dass man schnell den
Eindruck gewinnt, es gäbe nichts, was dieses ganze

Chaos an Existenzen vereint.

Da sind so viele Menschen. Mit so vielen Merkmalen.

Da sind Menschen, die sind Schwarz, People of Color, Menschen indigener Völker.

Und da sind Menschen, die sind *weiß*.

Da sind Menschen, die glauben.

Jüdisch, jesidisch, muslimisch, christlich, etwas völlig anderes, an gar nichts.

Menschen, die Sprachen sprechen.

Sprachen, die sich ähneln. Sprachen, die sich völlig unterscheiden. Sprachen, die zu ihnen gehören und Sprachen, die ihnen fremd sind.

Da sind Menschen mit Kulturen, Ritualen, Überzeugungen, Erfahrungen, die eine unbegreifliche Vielfalt bilden. Die es wert sind, auf Augenhöhe parallel zu existieren.

Ja, da sind so viele Unterschiede.

So viele vermeintliche Widersprüche.

Aber vor allem anderen:

Sind. Da. Menschen.

Menschen, die
Träume,

Freundschaft,
Visionen sind.

Und wir sind klein, wenn wir alleine stehen und
gewaltig, wenn wir zusammen sind.
Dann sind wir
Chancen,
Möglichkeiten,
können Veränderung
für alle sein.

Ich lasse meinen Blick schweifen und sehe unsere
Welt. Und was wir aus ihr machen. Sehe unsere
Realität und worauf sie basiert. Nicht auf dem, was
wir sind und sein können, sondern auf tiefsitzenden
Strukturen und Gewalt. Unsere Realität, die die
einen zugunsten der anderen unterdrückt. Und bin
ich privilegiert, bedeutet das eine Pflicht. Denn
diese Realität basiert auf dem, was wir tun.
Jede:r Einzelne. Jeden Tag. Ja, ich muss mein *weiß*
sein begreifen, reflektieren, zuhören und mich
entscheiden, zu entscheiden. Lasse meinen Atem
fließen, sehe klar die Welt, die ich will, bin es
schuldig und verspreche, ich bin ab jetzt nicht mehr
still.

Begegnung // Still Sein

Menschen gehen und leben
und wandern und stehen
sind alleine, manchmal
und treffen dann aufeinander
irgendwo im Überall
die Blicke, sie schweifen schnell
und streifen sich nur
Worte werden leichtfertig geworfen
prallen und kratzen
an vielleicht schmerzenden Stellen
und teilen und trennen
ungesehen, unbemerkt
und verletzt gehen sie alle weiter
ihre einsamen Wege, direkt nebeneinander
sind zusammen allein
und dazwischen hängt die Frage:
könnte Begegnung nicht anders sein?

Menschen gehen und leben
und wandern und stehen
sind alleine, manchmal
und treffen dann aufeinander
irgendwo im Überall

Sie halten inne, bleiben denkend stehen
Augen suchen Augen
sind sie doch die Farben
die ihre Geschichten erzählen
und Kommunikation beginnt
wo Worte noch lange nicht gesprochen werden
wo in Stille so viel mehr zu lesen ist
da ist so einiges
in der Luft zwischen ihnen
das klingt und schwingt
und nur gefühlt werden kann
wo Sprache ein Schleier wäre
Worte zu unsicher festlegend sind

Sanfte Blicke, voller Respekt
die ganz selbstverständlich tiefer gehen
aufeinander einlassen
sein lassen, was ist
fremd und verbunden
und vielleicht wären Menschen sich näher
wenn sie die Schönheit im gemeinsamen Stillsein
verstehen

poetry – a definition

poetry
is the only thing
able to express
the way living feels like

Im Moment

Augen geschlossen
Ohren lauschen ins Nichts
kurz nicht denken ans Denken
mit Absicht vergessen
tief atmen
Stress aus
Ruhe ein
bis Luft die Stille füllt
wir leicht sind
einfach hier sind
wir sind

Spiegeleffekt

Warum sind all die Dinge
eigentlich so endgültig festgelegt
und warum fällt das all den Menschen
nicht auf
die täglich atmen und gehen und reden
irgendwie umherwanken
in diesem undurchdringlichen Gefüge
aus offensichtlichen Strukturen
mit Unterdrückung verkleidet als Norm
denn auch wenn mensch sich für selbstbestimmt
hält
wer, wer ist wirklich frei
in dieser überformten Welt?

Warum sind da all diese Grenzen
in unseren Köpfen
warum schließen wir sie aus
die Dinge
die neben dieser einzig wahren Scheinrealität
existieren
und wieso bemerken wir ihn nicht
diesen unvermeidlichen Spiegeleffekt
denn alles, was wir aussperren
sperren wir in uns ein
und wenn du unfrei bist
werd' auch ich das sein

Warum werfen wir um uns
mit bedeutungsvoll leeren Worten
über Offenheit und Toleranz
wenn wir dann, wenn es drauf ankommt
nichts sind als beurteilende Ignoranz
warum wollen wir nichts sein
außer flackernd hellem Schein
den wir aufrecht erhalten
krampfhaft, geteilt
um bloß nicht wahrhaftig zu sein

Denn was wäre
wenn ich dir erlauben würde
zu sein, wie du wirklich bist
egal wie sehr das dem widerspricht
was ich gelernt habe, was richtig ist
und was, wenn da nichts mehr wäre
sie verschwinden würde, diese spaltende Leere?

Haben uns so sehr ans Hassen gewöhnt
wissen nicht mehr, wie es ohne geht
und worüber soll man sich denn noch beschweren
wenn da keine Vorurteile mehr wären
und sind wir mal ehrlich
das Leiden der anderen

ist für uns einfach bequem
und solange da so viel Grausamkeit ist
bemerken wir unsere eigene Gefangenschaft nicht

Wenn all das
drüber
drunter
dazwischen verschwindet
keine wertenden
Gedanken mehr kreisen
um das Leben der anderen
und Grenzen sich öffnen
und Lücken sich schließen
Fremddefinition zerfällt
uns die Freiheit einladend ihre Hand entgegenhält
was ist es, das dann bleibt?

Das ist es doch, wovor wir uns fürchten
andere echt sein zu lassen
und uns selber ungefiltert zu sehen
denn wer, wer sind wir
hinter all den aufgedrückten Masken
wenn wir nichts mehr sein müssen
aber alles sein können?

Sind doch konstruiert
von vielgesichtiger Angst
und das verzerrende Flimmern
lenkt uns ab von den Schatten im Innern
haben doch nie ohne Nebel sehen gelernt
und Entschuldigungen sind so einfach und laut

Ja, haben dieses Konstrukt nicht erbaut
doch unsere Apathie ist verdammt nochmal Teil
des Problems
und ich kann diese Lügen und Gründe
nicht mehr hören
das ist die einzig wahre Sünde
zu wissen und weg zu sehen
so zu tun, als wäre da kein Problem
Hand in Hand mit blindem Egoismus zu gehen
nichts ist richtig in diesem kranken System

Die Zeit ist schon lange zu alt
und sie zu normal
diese Herrschaft von Gewalt
und die Sirenen sind laut
doch noch lang nicht genug
brauchen mehr, bis sie alles durchdringen
denn vom Schweigen fließt in Strömen das Blut

und wenn du jetzt nicht schreist
nimmst du hin, dass all das
was falsch ist, so bleibt

Stell' mir vor, wie könnte es sein
tausend unzählbare glänzende Scherben
sind der Regen
der den Schleier
von der Wirklichkeit wäscht
bis alles, was bleibt
nur Menschen sind
die sich endlich selber sehen
und zu sich und zueinander stehen
und zu kämpfen
hat sich noch nie so sehr gelohnt
denn bin ich erstmal wirklich frei
kannst auch du das endlich sein

Frage ohne Antwort

Kann mich nicht erinnern
und werd's niemals wissen
wer ich bin, wer ich war
als ich einfach nur ich war
ungeschliffen, unzerrissen

Wer wäre ich geworden
ohne Zwänge, ohne Normen
hätt' ich mich mehr in mir selbst
als im Fremdsein verloren?

Menschen (Teil 1)

Menschen sind Geschichten
und ich bin verliebt ins Lesen
bisschen süchtig nach der Tiefe
in melancholischen
wunderschönen Seelen
und den Wegen
die sie gingen und wählen
und warum und was sie sehen
wenn sie Augen öffnen und schließen
bin fasziniert
von Welten in Köpfen
und Träumen und Wunden
und diesem Zustand
zwischen verloren und gefunden
und diesem Gefühl
gemischt aus fremd und verbunden
und sie alle sind Kunst
und ich will malen
mit Wörtern
einfangen, festhalten
sie nachfahren
mit Poesie
ihre Linien und Konturen
ihre inneren Figuren

wie sie tanzend stolpern
und echt sind und leuchten
ja, vielleicht
können sie in diesem Spiegel
aus fremden Augen sich selbst dann sehen
und lächelnd denken:
oh, bin ich schön

Tiere nutzen

Da sind so viele Worte.
Sie schwirren und wirbeln und fließen umher
von dir zu mir
von mir zu dir
in ihrer unzählbaren Zahl
beschreiben, erklären.
Doch manchmal, wenn Dinge zu groß sind und zu
schwer wiegen, versagen sie.
Benennung und Beschreibung stoßen an Grenzen,
wenn es um das Unfassbare und
Unverständliche geht, für das in diesem
eingeengten System der aneinandergereihten
Buchstaben nicht genügend Platz ist.
Tiefe passt nicht in zweidimensionale Versuche, zu
beschreiben, was gesehen und gefühlt werden
muss,
was gehört werden muss, in der einzigen nicht
menschengemachten Sprache.
In ihren Schreien, ihrer klanggewordenen
Verzweiflung, ihrer sirrenden Angst.
Der Sprache des fühlenden Seins, die jedes
Lebewesen gleichermaßen spricht.
Sie müssen gesehen werden, ihre sanften Augen,
denen der Glanz genommen wird.
Augen, die funkeln, Freude und Liebe suchend
und Augen, die nie etwas sehen außer roher,

ungerechtunbegreiflicher Gewalt.

Seelen, die deine oder meine hätten sein können,
doch in die „falsche Spezies" hineingeboren
wurden.

Seelen aus Liebe, Seelen aus Einzigartigkeit.

Seelen, die wir täglich brechen ohne zu zögern, von
denen wir uns einreden, sie wären nicht existent
oder weniger oder zumindest anders, irgendwie, auf
jeden Fall nicht wie die unseren, nein, denn sonst
wäre es doch nicht möglich, dass wir all das tun, aus
bequemer Gewohnheit und im Hinterkopf das
unkomplizierte „war doch schon immer so" und
„so muss das eben sein".

Und ich will schreien, tief aus mir raus, weil ihre
Schreie noch immer nicht zu reichen scheinen und
das Schweigen mich erdrückt.

Weil ihr Schmerz doch mein Schmerz ist und wie
kann man das nur trennen? Das geht nicht.

Das kann nicht sein, wer wir wirklich sind.

Leben doch alle dieses Leben in dem Bedürfnis,
verbunden zu sein und jedes Mal, wenn sie
schreien, wenn sie leiden, wenn sie brechen,
schreien und leiden und brechen wir mit und
ertragen es nur, weil wir uns blind und taub
gemacht haben für alles, was da ist und nicht sein
darf.

Und ich frage mich, wie lange noch? Was braucht es noch? Was muss passieren, damit wir wieder sehen und hören was ist und ihn endlich wieder erkennen, den Wert eines jeden Lebens.

Und ich halte mich fest, an diesem begrabenen Glauben, dass es irgendwann so sein kann, denn sonst würde ich brechen, wie sie es stetig zu Milliarden tun –

Schmerzmauern

Das ist der Schmerz der Welt
dachte ich, und ich von alldem getrennt
doch find' ihn immer öfter
auch in mir selbst
und getrennt sein ist
was den Schmerz verschwiegen
und uns auseinander -
all das hier zusammenhält
frag' mich, was muss passieren
bis dieses Konstrukt aus Mauern
zu Staub zerfällt?

Wie es uns geht

Ich frage „Wie geht's dir?"
„Gut", sagst du
und fragst dann nach mir
„Auch", sag' ich kurz
bevor Stille regiert
man sich flüchtig
im Schweigen verliert

und wir wissen
wir haben nur gegenseitig
unsere Lügen kopiert

nehmen uns selten die Zeit
wirklich ehrlich zu sein
fühlen uns vielleicht
auch nicht bereit
diesen Blick hinein
zu gewähren
wo wir uns doch selbst
manchmal vor ihm wehren

und so sitzen wir da
nehmen unsere Umgebung
absichtlich überdeutlich wahr
und ich trau' mich dann
lächle dich wissend an

und ertappt, erleichtert
lächelst du zurück
und wir wissen
wir sind nicht allein
mit dem Schmerz
den wir noch nicht bereit sind
zu teilen

Schatten des Systems

Du siehst mir in die Augen
und sagst, dass du zufrieden
sogar glücklich bist
und was dir fehlt, immer weniger vermisst
sodass du vergisst, dass du vermisst
denn Sorgen haben ja alle
und alle die Gedanken
von nicht genug, was du bist
nicht genug, was du tust
gehört dazu, und wenn's nicht klappt
liegts an dir
zu wenig Ehrgeiz, zu wenig Mut
dabei fokussiert, zu tun, was dir gut tut
um dann zu tun, was du tun musst
und zwischen Erwartung, Bedürfnis, Frust
resigniert, akzeptiert, verdrängt
diese Gesellschaft beengt
geschickt, verschleiert
sodass wir all das einfach feiern
und so leben, wie wir sollen
uns fügen, in die Rollen
du dann denkst, du hast gewonnen

Und mir in die Augen siehst
sagst, dass du zufrieden
sogar glücklich bist

weil du gelernt hast
dass Leben so ist
und Glück in eben dieser Gestalt erscheint
die Angst, der Druck, der Neid
da sein muss und bleibt
normal, dass du manchmal innerlich zerreißt
und rennst und wenn du stolperst
es vielleicht versteckst
und mit schmerzenden Füßen weitereilst
ja, so ist das doch
will mensch was erreichen
brauchst du nur mindset
und musst halt was leisten
dann ist garantiert, es funktioniert
Kapitalismus internalisiert
lässt dich glauben, alles liegt an dir
der Erfolg, die Schuld
wenn der nicht kommt
einzig logische Konsequenz
du rennst und rennst -
an deinem Leben vorbei
und merkst es nicht
oder erst spät
sind alle irgendwo Schatten des Systems

Und du siehst mir in die Augen
sagst, dass du zufrieden
sogar glücklich bist
doch was da in deinen Augen blitzt
ist Sehnsucht, die verrät
dass was du sagst, so nicht ganz richtig ist
du spüren willst, wer du wirklich bist
dich in alldem vielleicht selbst vermisst
sogar vergisst und glaubst, verantwortlich bist alleine
du
doch diese Welt formt und trennt
und sieht bei Leid und Unterdrückung zu
macht dich dir selber fremd
schiebt die Verantwortung dir dann zu

Und du siehst mir in die Augen
und ich würd' deine so gern glänzen sehen
bin traurig, wütend
weil das so schwerlich geht
in dem Konstrukt, in dem wir leben
stets ist der Mensch das Problem
und das wirkliche
bleibt schattenhaft
fast ungesehen

Verlaufende Farben

Treiben.
Vorwärtsrückwärtsimkreis.
Will raus aus dem Strudel.
Weg von „So muss das sein" und „So ist das schön".
Will 'ne andere Richtung. Irgendwo neben ‚normal'.
Weniger sein wie alle, weil das niemand ist.
Mehr seltsam sein, so wie ich, so wie du.
Mehr entgegengesetzt, mehr zu viel sein für eine einzige Schublade.
Will Grenzen verschwimmen sehen,
Farben ineinander verlaufen.
Mein eigenes Bunt sein.
Keine Trendfarben kennen.
Mischen, was ‚nicht zusammengehört'.
- Augen zu, um den Strudel erstarren zu sehen.

Weggefährtin

Ich habe eine Weggefährtin
ihr Name ist Angst
und wo immer ich gehe
hält sie meine Hand zu fest
zerrt mich weiter nach vorne
hab die Kontrolle verloren
sie formt meine Spuren
und erschafft Figuren
die mein Denken übernehmen
und zu oft für mich reden

Ich habe eine Weggefährtin
ihr Name ist Angst
und sie zeichnet
Muster und Linien
in mich hinein
färbt meine Seele
dunkel, immer dunkler ein
und ich fürchte mich
vor der Dunkelheit
die das Meer meiner Gefühle weit
durchdringt, sodass ich mich nicht mehr traue
darin zu schwimmen

Ich habe eine Weggefährtin
ihr Name ist Angst
und sie hört mir nicht zu
ich ihr umso mehr
frag' mich, wie lang ist es her
dass ich gefühlt habe, ohne zu denken
mich im Kopf zu verrenken
und dem, was ich bin
meine Aufmerksamkeit zu schenken
ohne mich lenken
zu lassen von ihr

Ich habe eine Weggefährtin
ihr Name ist Angst
und ich muss mit ihr reden
ihr endlich zu verstehen geben
dass dieses Leben
meins ist
und ihre Anwesenheit mich zerfrisst
mir, was ich bin, entglitten ist
sie nicht länger
meine Entscheidungen trifft

Ich habe eine Weggefährtin
ihr Name ist Angst
und ich weiß
ganz ohne sie
muss ich noch nicht gehen
doch für den Moment
lass' ich sie zurück
abseits stehen
um mit offenem Herzen zu sehen
und mit meinen Lieblingsfarben
meine innere Welt zu bemalen
und mir zu erlauben
ab jetzt mehr zu strahlen

Name des Problems

Ausgesprochen haben sie es nicht
vergessen, dass auch Handlung spricht
ja, vielleicht wurden diese Worte nicht gesagt
ändert nicht, dass ich sie in mir trag'
und ihnen viel zu lang geglaubt hab'

Trag' das nicht und tu das nicht, wenn du nicht
willst, dass ihre Aufmerksamkeit dich trifft
gespeichert als
Schäm' dich, für was du bist
ja, mich dran gewöhnt, mich zu verstecken
in mir selbst, vor diesen Blicken
den Gedanken, die zugrunde liegen
kenne tausend Formen von:
Lern', dich zu verbiegen
um dich in Sicherheit zu wiegen
Ursprung des Problems verschwiegen
stattdessen eins aus mir und ihr gemacht
Und was hat es uns gebracht?
Sind Meister:innen im Fehler suchen, bei uns
wo sie nicht sind
im an uns zweifeln, uns verfluchen
für was Alltag, Denken, Leben bestimmt
fast schon erleichtert

wenn's nur dabei bleibt, bei einem Blick
vielleicht 'nem Spruch
Die Wahrheit ist
was wir auch tun
sie schauen
rufen
nehmen
ohnehin
und ohne Scham
denn die wird nur gelehrt
der, die nichts für all das kann
wann fangen wir endlich an
es zu benennen
wie es ist
was hinter alldem steht
es gibt nur einen wahren Namen
des Problems
Nicht ihr Rock
nicht was sie postet
nicht wie sie läuft,
tanzt oder spricht
nicht was sie sagt
nicht was sie wollte
an irgendeinem and'ren Tag

nicht ihr Körper
nicht ihr Make-Up
nicht, was sie vielleicht getrunken hat
nichts von alldem, was sie macht
der Name ist: Patriarchat
Und Er ist der, der es nicht schafft
zu unterscheiden, was er zu tun und
was zu lassen hat
der denkt er hat das Recht, die Macht
zu bewerten, kommentieren
Menschen zu objektifizieren
Grenzen werden boykottiert
Übergriff
ob Wort ob Tat
noch viel zu oft normalisiert
bei Opfern dann auf Schuld plädiert
all das, weil Er nicht reflektiert
lieber Moral als sein Ego verliert
ja, so wird es ihm diktiert
und es ist seine Pflicht
zu sehen, zu verstehen
wie dieses Problem
in ihm lebt
zu lernen

wie entwurzeln geht
auf welcher Seite Lösung steht
mitzugehen auf diesem Weg
den wir erkämpfen
um eines Tages, irgendwann
dann frei zu sein von diesem Denken
in 'ne neue Richtung lenken
dann Meister:innen im wir selbst sein sind
Kleiden, Handeln, Leben selbst bestimmen
ohnehin und ohne Scham
weil wir wissen
dass wir uns selbst gehören und was wir sein wollen
leben können
und nichts uns unten halten darf
wir kämpfen bis zu diesem Tag
bis da nichts mehr ist, was beherrscht
und kontrolliert
und wir uns einzig selbst regieren

Zeit anhalten

Sie sagt
Nächte wie diese
gehen zu schnell vorbei
und zu bald
kommen die Tage
mit zu wenig Magie und Leichtigkeit
und ich sage
du kannst sie anhalten
die Zeit
und alles in dir behalten
von dem du willst
dass es bleibt
die Sterne über uns
kannst du auch
mit geschlossenen Augen noch sehen
und sie mitnehmen
in dich hinein
und lass sie und dieses Gefühl
in dir scheinen
und es einfach dort bleiben
dann stell dir vor
dass es bei dir ist
wenn du Nächte
und Gefühle wie diese
vermisst

Abschied

Hab' dich schon lang' nicht mehr gesehen
obwohl du so oft bei mir bist
hab' angefangen zu verstehen
dass ich, was ich in dir seh'
in dir vermiss'
und das hier jetzt
ein Abschied ist

Scherbenschimmer (Menschen - Teil 2)

Menschen sind Geschichten
und ich bin verliebt ins Lesen
 - habe ich geschrieben
und doch fürchte ich mich
meine eigene zu erzählen
nie an der Schönheit der andern gezweifelt
dafür mehr an der meinen
hab' 'ne Seele aus Glas
eben noch Licht gefangen
zu tausend Farben gebrochen
leuchtend, dann selbst zerbrochen
der Kreislauf
in dem ich mich immerzu verlauf'
steh' vor meinen Scherben
und weiß nicht
was bin davon noch ich
wie soll ich wieder zusammensetzen
was wieder und wieder verletzen
in Einzelteile brechen kann
wie fang' ich an
zu wissen was ich will

verstehe, über leben gibt's kein Wissen
nur das Gefühl
zwischen echt sein und mich selbst vermissen
will rennen und springen
zwischen was ich glaube zu sein
und wirklich bin
löschen, brechen, mischen, malen
bis ich es sehe, mein eigenes Bild
es gibt kein Finden, kein Erinnern
nur mein wahres Ich
unter den Trümmern
und versteh'
meine Scherben sind mein Schimmer

Seelenfarben

Augen, tief dunkel
wie das Meer
eine Welle, eine Flamme
ich seh', da ist mehr
Schatten und Licht, vermischt
formen Weite
Überzeugung, Utopie
die sie leitet
hab's gemerkt, von Anfang an
was sie ausstrahlt
zieht mich an
sie kann
sich verwandeln
verletzlich, zart sanft
in wütend, laut stark
und doch ist alles
im andern enthalten
seh' sie tanzen
im schimmernden Rauch
ein Hauch
von Revolution zu erahnen
in ihren kunstvoll
gemischten Seelenfarben
und sie beginnt, zu malen

mit den schönsten Paletten

aus Liebe und Wut

den feinsten Nuancen

aus Asche und Glut

Bilder dieser Welt

der andern und sich selbst

auf Wände aus Lein

und in Köpfe hinein

und dies ist das in meinem

Muster und Linien, die ich sehe

heißt nicht, dass ich vollends verstehe

wer sie wirklich ist

und warum und wie

sie Farben mischt

doch spür', dass sie wie Kunst

was auslöst, hinterlässt

einzigartig, echt

in mir und der Welt

das die Hoffnung auf Freiheit

am Leben erhält

Perfektionismus

Perfektionismus
ist am Ende der Versuch
niemals angreifbar zu sein
nicht zu verletzen
und nicht selbst verletzt werden

Bedürfnis nach Vermeidung
jeglicher Bewertung
sich der Illusion hingebend
leben ginge ohne Wunden

Perfektionismus ist ein Kreis
wissend, nach jeder Kurve
kommt eine nächste
und wenn es gut ist
kann es immer noch besser werden

Perfektionismus
ist das Kostüm der Angst
zu enttäuschen
die anderen
und vielleicht am meisten sich selbst

Es ist, sich fortwährend zu drehen
die Übelkeit zu schlucken
und was man kann und wert ist

gekonnt zu übergehen
und dabei zu vergessen
dass es das niemals wert ist

Denn Perfektionismus
ist, zu verstecken, was echt ist
zu verstecken, was du in echt bist
zu vergessen, dass du ein Mensch bist
das so viel schöner als perfekt ist
und Perfektion dir nicht gerecht wird

Am Leben

Wir sitzen unter der Brücke
der Boden ist kalt
und während die Welt um uns wankt
geben wir uns gegenseitig Halt
da ist diese Lücke
außen, sie klafft in uns hinein
und wir haben so sehr das Bedürfnis
zu schreien
immer, und besonders jetzt
weil alles, was überall passiert
auch uns hier unten verletzt
ihr beginnt, Zigaretten zu drehen
denn der Qualm wird zu Nebel
der uns kurz davor schützt
das alles zu sehen
erkennen gerade noch den Regen
die Tränen
des Planeten
und wir tragen tausend Scherben
in uns, hier jetzt zusammen
ein glitzernder Haufen
und Farben verlaufen
ineinander, werden schillernd
schwarz

und der Schimmer
unserer Schatten
ist zerbrechlich schön
die meinen mit euren tanzen zu sehen
wie sie tauchen
durch den Schmerz
im inneren und äußeren System
schlagen Wellen
bis sie brechen
und machen, dass wir vergessen
alles verdrängt
was zu viel ist und beengt
bis wir fallen ins Nichts
wo nur noch unser Herzschlag dröhnt
wir innerlich beben
und für einen Augenblick
nichts mehr fühlen
nur, dass wir leben

Vorgeformte Muster

Sie sagen
„klar ist das normal"
wenn Menschen
gleichgeschlechtlich lieben
sich zueinander
hingezogen fühlen
sich dabei
vielleicht auch nicht
auf ein einziges Geschlecht festlegen
und vielleicht
wollen sie, was sie sagen
auch so meinen
doch zeigt sich leider oft
dass ihre Worte nur so scheinen
zu schnell folgt ein
„für mich wär' das nichts"
und „würd' mich dafür nicht entscheiden"
als würde sich irgendwer entscheiden
freiwillig, optional
unter Hass und Diskriminierung zu leiden
als gäbe es eine Wahl
wie am Tisch in einem
x beliebigen Lokal
welche Sexualität

darf es heute sein?
Welche Geschlechtsidentität
als Beilage zum trockenen Wein?
Als hätte sich irgendwer jemals ausgesucht
genau das, was mensch eben ist
zu sein

Sie sagen
„Ich darf doch meine eigene Meinung dazu haben"
und „das darf ich wohl noch sagen"
als ginge es um Salz auf Tomaten
oder Plastikzwerge im Garten
oder andere variable Dinge
die man tun kann oder eben nicht
wo freier Wille die Entscheidung trifft

Und ich würde sie gern fragen
wann sie Einfluss
darauf hatten
wen sie lieben
und ob sie schonmal versucht haben
ihre Gefühle zu besiegen
oder wann sie sich entschieden
das zu sein, was ihre Körper vermeintlich diktieren
wahrscheinlich wären sie verwirrt

weil das doch alles ist, wie es ist
unhinterfragt, undiskutiert
wurden sie eben dafür
nie diskriminiert
weil das
wenn man konstruierte Normen erfüllt
nicht passiert
umso wichtiger, zu reflektieren
und ausnahmslos zu respektieren
wenn Menschen Menschen sind
die aus vorgeformten Mustern fallen
weil sie sich nicht innerlich zerstören
um zu gefallen
die Freiheit, mensch selbst zu sein
sollte allen bedingungslos gegeben sein

Lebenswunsch

Und wieder stehe ich hier
zwischen den Zeilen
aus Wut
und Ruhe
bin beides
und nichts davon
wieder im Nirgendwo angekomm'n
schon tausendmal diesen Berg erklomm'n
doch erreich' die Spitze nicht
fall' jedes Mal wieder
in dieses Tal aus Verzweiflung
vermischt mit unverhoffter Zuversicht
versteh' es nicht
wieso es nicht alle sehen
diese Welt, so fühlt es sich an
fast ein einziges Problem
und ich und du
wir wollen doch einfach nur leben
wirklich leben
ohne dieses ständige Erdbeben
in den Tiefen unserer Seelen

Weltbrand

Ich bin wütend und erlaube
mir, es zu sein
kann kaum mehr glauben
wie ich vermied,
laut zu sein, zu schrei'n
merke still sein zerreißt
etwas in mir
Überzeugung verdreht
besser es spät
zu erkennen als nie

wenn was nicht sein darf
akzeptierter als das auszusprechen ist
der Sinn in unserem Handeln sich selbst vermisst
und Vernunft verformt, entstellt
als ihr Gegenteil all das am Laufen hält
sind Feuer aus Wut
Herzen, leuchtend, als Glut
der Weltbrand
der, was nicht sein darf
Flamme für Flamme verbannt

Die größte Angst

Schaff' es nicht, sie abzugeben
und will sie doch so sehr verlieren
Kontrolle, über Dinge, die passieren
oder eben nicht
weil halten, drücken, von mir stoßen
die Möglichkeit zerbricht
und mein Gesicht wird ein Spiegel
 aus allem im Nichts

Ja, mir geht's gut
weil was mir weh tut
tief vergraben in mir ruht
und an Oberflächen kratzen
war schon immer leichter
als sich in Abgründe fallen zu lassen
und sich selbst zu hassen
näherliegend als sich einfach so zu lieben

Schnell passiert, dass man beginnt, sich zu verbiegen
und sich dann unbemerkt darüber zu belügen
wer und was man ist und sein will
denke, dass ich sie mir einbild':
Selbstbestimmung, automatisch programmiert
und dass ich damit nicht allein bin

wir am Ende doch alle verformt, verfärbt sind
und Authentizität immer ein Kampf ist

So schaff' ich's kaum, sie abzugeben
und will sie umso mehr verlieren
Kontrolle, über Dinge, die passieren
weil all das unbewusste Limitieren
Atem raubt und dann mühsam geschnappt innen
gefriert
eine Schicht aus Eis fast unerschütterlich bedeckt
was sich klein gemacht, verkümmert tief drinnen
versteckt

Die größte Angst war immer
zu tun, was ich am meisten will
deshalb viel zu lang geschwiegen
war viel zu lange still
mich selbst verbraucht beim ewigen Versuch
zu unterdrücken, zu besiegen
was ich ganz einfach eben bin

Stille wird laut und potenziert ihr Gewicht
macht, dass sich der Druck zur Eisdecke addiert
oder sie endlich bröckelt und bricht
das ist der Moment, in dem alles entgleist

unmissverständlich zeigt, was das heißt
die letzte Sicherung zerreißt

Und wenn ich's schaff', sie abzugeben
sie manchmal öfter zu verlieren
Dingen erlaube, zu passieren
Gedanken pausieren, Stimme erheben
es zulassen, das Beben in mir
mich erinnere, warum, wofür
langsam laufend durch die kalten Splitter
trag mein wahres Ich bei mir
glänzend, verwittert
dieser Kampf so bitter wie nötig
weg vom ewigen „niemand hört mich"
sonst bleibt die Frage, unaufhörlich
was, was hätte es sein können
das Ich, das alle diese Ängste bricht

Deine Flucht

Du bist so laut
bei mir
schweigen
zuhören
fällt dir schwer
Luft und Stille
absorbiert
Frag' mich
nimmst du dir
außen so viel Raum
weil du dir
innen keinen gibst
mit lauter Stimme
vor deiner eigenen Stille
fliehst?

Verschwiegen einsam

Das wahrscheinlich Einsamste
das es gibt
sind die Träume
und Gefühle
die wir schweigend in uns vergraben
und dann so leben
als wären sie nicht da

coming out to myself

it took me
to fall for you
to realize
the way I was told to love
is not the way I do

it took me
to feel this connection
to let go
of this one idea of affection

it took me
to be beaten by my truth
to stop lying to myself
to stop fighting my true self
I don't love by the rules

words so hard to think
even harder to speak out
these walls now paper thin
the voice inside finally getting loud

I
am
gay

tears falling off my soul
hearing my mind say
these three words
deep down buried always known

it took all these walls
first built
to than crumble
finally fall apart
this inner apocalypse
for me to go in and see
the way I truly feel
just because of growing up
in this sick society

and I won't break myself no more
unhoped-for promise
to repressed parts in me
from now on I'll begin
to live out
who I really am
who I
have always
been

Der Himmel in dir

Der Himmel in dir
hängt voller Wolken, sagst du
doch auch Wolken können leuchten
hinter ihnen wartet
schon das Licht
und du stehst an der Pforte
dieses melancholisch schönen Gleichgewichts
dein Blick geht zugleich
nach vorne und zurück
das tiefe Grau der letzten Zeit
begleitet dich bis in diesen Moment
und die ersten Sonnenstrahlen
beginnen, sich Wege zu bahnen
und gerade ist nichts völlig schlecht
und nichts völlig gut
und dazwischen bist du
immer wankend
in deinem ganz eigenen Sturm
in dessen Auge du jetzt stehst
und es ist noch nicht vorbei
doch im Auge des Sturms ist es still
so auch in dir
es ist ein Durchatmen
Aussicht auf Umschwung

leises Lächeln, über was dir gelungen
ist
wissend, dass du jetzt stärker bist
traust dich, die Zuversicht
zuzulassen
Türen zu schließen, neue aufzumachen
ein Schritt zurück nach vorn
ins Treiben des Sturms
und Wind und Regen sind belebend
auf deiner Haut, in deinem Innern
waschen den Staub von deinen Trümmern
erkennst deine Mauern, sie sind gefallen
beginnst, aus ihnen Brücken zu bauen
das Wohin nicht definiert
nur weiter, näher zu dir
und der Himmel in dir
hängt voller Wolken
und sie sind wie du
stehen niemals still
getrieben vom Wind
und deinem eigenen Sinn
irgendwohin, einziges Ziel das Gehen
und dabei Wachsen
zwischen Sturm und Sonne

bisschen verloren, mehr gewonnen
deinen Wert ehrlich, endlich angenommen

Schattenseiten

Ich weiß, dass sie da sind
doch will sie nicht sehen
verdränge schon immer
mir einzugestehen
dass sie real sind, in mir da sind
das sogar normal ist
musst' ich erst lernen, zu verstehen
zu sehen, es ist okay
dass meine Schatten
wie mein Licht in mir leben
meine dunkleren Seiten
noch heute in mir bestehen
gibt kein entweder oder
nur beides zusammen
und die Entscheidung
was ich wähl' für mein Handeln

Dissonanz

Mich gibt es zweimal
das, was ich in mir bin
und das, was ich nach außen trag‘
frag‘ mein sichtbares Ich
was muss ich tun
damit sie eins sind
nach langer Stille antwortet es
dass ich den Weg dahin
nur von innen find‘

Klänge von Verletzlichkeit

Ich hab' dich zittern gesehen
erschöpft vom Gewicht
deiner tausend Gesichter
dem Klang all der Worte
die du sagst
doch nicht meinst
die du denkst
doch schweigst
sorgfältig wählst
was zu zeigst
niemals zu viel, zu weit
sind immer bereit, ehrlich zu sein
doch nur bis zum Tor zur Verletzlichkeit
dort durch gehen wir nur selten
dann meistens allein, manchmal zu zweit
es gibt keinen Raum, wirklich offen zu sein
zu wenig Sprache für Gefühle
die wir selbst kaum begreifen
und eine Definition von Stärke
die für Menschen nicht reicht

Hab' gesehen, wie du atmest
tief und voll Leben
in der Luft schwingt dein Mut
als du es, dich selbst überwunden

schließlich zeigst
dass du verletzlich bist
was unter deinen Hüllen ist
dich wachhält, wenn du einsam bist
und in all dem, was du offenlegst
habe ich mich selbst gesehen

vielleicht teilen wir mit diesem Leben
auch die Ängste, die Probleme
Milliardenfach verschieden gleich
und wissen's nicht, weil jede:r schweigt
Stärke ist offene Verletzlichkeit
sie ist, was Brücken zwischen Menschen baut
uns erlaubt, uns zu verlieren
und in anderen wieder zu finden
und Einsamkeit zu überwinden

Ich hab' dich zittern gesehen
unter dem Gewicht
deiner tausend Gesichter
dem Klang all der Worte
die du sagst
doch nicht meinst
die du denkst
doch schweigst

seh' mich an, fühl' so gleich
bin bereit
es ist Zeit, leg' ihn frei
den Klang meiner Verletzlichkeit

Sinnbild für Säulen aus Macht
und für wer sie nicht hat

Ich greife nach Wörtern
doch erreiche sie nicht
Wörter, die beschreiben
wer ich bin, wie das ist
das jetzt erst zu wissen
doch wissen trifft es nicht
ich weiß mehr, doch weiß nichts
ich bin nicht, was ich dachte
nicht was ihr erwartet
was ich mir so laut gesagt hab'
bis ich dann dachte, bis jetzt
dass es wahr ist
es keine andere Möglichkeit gibt
für das kleine Ich in diesem Moment

Dieser Moment, der kurz da war
dann rannte
über Jahre und mich in sich trug
sich selbst zu bekämpfen
bis man sich nicht mehr hört
ist der größte Betrug
und ich war so verdammt gut

in diesem Spiel, in dem alle gewinnen
außer ich selbst
ich drehte die Welt
weiter und weiter
für euch, eure Normen
und was ihr denkt, was ich sollte
was ihr denkt, was ich wollte

Und ich konnte es einfach nicht
es nehmen, wie es ist
als es zum ersten Mal durch die Oberfläche bricht
wir alle an diesem Tisch
ich in meinem Kopf
und schreie mich an, innerlich
ich bin lesbisch, weiß ich
doch übertöne mich selbst:
Nein, bin ich nicht
ich darf das nicht fühlen, nicht denken
ich entscheide mich
gegen mich
die Einheit, Gewicht und Kraft dieser Angst
zu messen, gibt es nicht
nur diese Gleichung
aus einer Leere ohne Namen,
ohne Kontext

die immer irgendwie da ist
und einem Verstand, der so unbemerkt
Netze und Lügen spannt
dass er sie selbst nicht mehr erkannt hat

Und ich war das Mädchen
mit dem traurigen Gesicht
das lächelt und sagt, dass nichts ist
das nicht bereit ist
zu wissen, wer sie ist
und die Wut auf diese Realität
neben ihrem Herzschlag trägt
und sie dort lässt, leise und still
und es zeichnet, das Bild
das sie auf mich legen
um mich zu greifen, mich zu verstehen
eine verdammte Schablone
in die kein Mensch je passt

Hab' mich passend gemacht
und diesen einfachen Satz voller Wahrheit
nicht mehr gehört, nicht mehr gedacht
nicht mal nachts, wenn Stille am lautesten klingt

Denke, all das ist ein Sinnbild
für Säulen aus Macht und für wer sie nicht hat
für diese falsche, so alte Ordnung ohne Platz, mit
zu viel Hass
und für all diese Zeit, die zerflossen gerinnt, über
Jahrtausende, dann irgendwo da wo mein Leben
beginnt
schon alles gesehen und alles gefühlt hat
was das mit Frauen, die Frauen lieben, gemacht hat

Und ich stehe hier
inmitten der Scherben
dieser Identität
die meine ist
und die so vieler vor mir war
erstickt und unsichtbar
schon so lang vergangen, immer noch da

and the first gay pride was a riot
and future ones must be again

Weil ich nur hier stehe und das sagen kann
durch was sie waren und ihren Kampf
und es noch immer so viel braucht
bis auch die letzte Säule fällt
auch am letzten Ort auf dieser Welt

Und ich war das Mädchen
mit dem traurigen Gesicht
das lächelt und sagt, dass nichts ist
weil diese Welt nicht bereit ist
sie zu nehmen, wie sie ist
und das die Wut auf diese Realität
neben ihrem Herzschlag trägt
und jetzt, Jahre später, endlich versteht
dass sie immer richtig war, wie sie ist
und diese Wut, wenn sie ausbricht
ein weiterer Riss im System
ein neuer Funken Freiheit ist

the first gay pride was a riot
and future ones must be again

Weil mein Kampf viel zu lang
nach innen statt nach außen ging
und ich damit nicht alleine
vielmehr, wo ich lebe, noch am freisten bin
und Freiheit nur echt ist, wenn sie überall für alle
gilt
und es dafür jeden Funken braucht
bis auch am letzten Ort auf dieser Welt
die allerletzte Säule fällt

Vor unseren Augen

Du siehst mich an
durch mich hindurch
siehst, was du greifen kannst
und was du suchst
du wirfst einen Schatten
und fängst das Licht
und erkennst dabei niemals
wirklich mich
oder das, was da vielleicht ist
wenn wir einander
gegenüberstehen
Raum öffnen
lassen Muster gehen
um diese andere Wahrheit
vor unseren Augen
wirklich zu sehen

Ankommen

Gedanken rasen, alles laut
Dröhnen füllt Sekunden
Sekunden werden Stunden
Zeit gerinnt
kaum bemerkt
wie ein Gedanke verselbstständigt
den Moment bestimmt
Aufmerksamkeit gewinnt
sie von mir nimmt
plötzlich meine Zeit
meine Stunden
mein Sein bestimmt
ständig irrend, rennend
in diesem inneren Labyrinth
atmen, sag' ich mir
am Ende definieren Gedanken
nicht, was ich bin
lasse sie rennen
durch meinen Kopf und wieder raus
fällt jetzt leichter zu erkennen
Last löst sich langsam auf
Gelassenheit breitet sich schüchtern
doch immer weiter in mir aus
atme sie ein

lade mich selbst
zum Stillsein ein
lasse was kommt
da sein
und mein Sein davon getrennt
Frequenz innen auf Ruhe eingestellt
komme immer öfter
an im Moment
an in mir selbst

Facetten von Ich

Am Anfang fiel es schwer
doch jetzt fall' ich immer leichter
falle immer tiefer
und sehe immer weiter
und das Nichts
von dem ich dachte
dass es in meinen Tiefen wartet
gibt es nicht
stattdessen nur mehr
Facetten von *Ich*
und trotz der Angst mich zu verlieren
fühl' ich, spür' ich, find' ich mich

Brise bis Sturm

Lass doch mal tanzen
im Takt der Musik
und sie fühlen
die Melodien
die Texte, die die Welt ausmalen
die wir uns erträumen
zulassen, dass sie uns mitnimmt, inspiriert
und dann reden
wie man es nur nachts unterm Sternenhimmel tut

Lass uns mal trauen
uns wirklich zu öffnen
und ehrlich zu sein, zueinander
und vor allem zu uns selbst

Lass sie uns einander erzählen
die Träume, die Wünsche
unsere Utopien und Ideale
und sie sich einander ergänzen
und so in unseren Köpfen diese Welt erschaffen
diese Gesellschaft, die frei ist

Und dann lass mal so leben
als wäre all das wahr
als wären wir völlig wir selbst

und als gäbe es diese grundlegende Moral
ja, das macht es noch nicht wahr
doch greifbar, in Zukunft erreichbar
sind dann selbst diese Musik
die mitnimmt, inspiriert
einlädt, sich was zu trauen
und wirklich für was einzustehen

Lass sie mal in uns leben
die Idee
damit diese Chance besteht
darauf Handlung, irgendwann Realität
ja, lass sie mal machen
die Pläne, gegen was schon zu lang besteht
und dann mal dran glauben
dass jede:r von uns was bewirkt
wir Veränderung sein können und sind

Lass mal sein wie der Wind
vielschichtig, abgestimmt
von Brise bis Sturm hin
zur Welt, in der wir völlig wir selbst sind
all das nicht mehr Ideal, sondern wahr
und dieses Leben endlich real ist

Das Feuer in uns

In dir brennen Feuer
bist umgeben von Rauch
etwas bleibt, wenn du gehst
deine Schritte wirbeln Staub
zu Bedeutung auf
Seh' dich an
spür' wie sich Erinnerung regt
etwas in mir
wird laut
nimmt sich Raum

Sie waren in unseren Köpfen
um uns zu löschen
zu formen, zu brechen
damit wir vergessen
wer wir in echt sind

Wählten Flammen als Waffe
brannten Stärke zu Asche
sie dachten, sie besiegen
die Funken in unseren Tiefen
doch wussten nie
dass wir es sind
die das Feuer regieren

Und du hast es wiedergefunden
Limitierungen überwunden
und unsere Stärke ist ein Phönix
erhebt sich aus der Asche
wird sichtbarer
je mehr sie in Einzelnen lebt

In dir brennen Feuer
bist umgeben von Rauch
etwas bleibt, wenn du gehst
deine Schritte wirbeln Staub
zu Bedeutung auf
deine Kraft, sie ist laut
in dir, aus dir raus
du brichst aus

Seh' dich an
und erinnere mich
etwas in mir
wird laut
nimmt sich Raum
jetzt weiß ich, in mir brennt es auch
bin kraftvoll
meine Stimme laut
und in unseren Köpfen

sind jetzt wieder
mehr und mehr wir selbst

In uns brennen Feuer
sind umgeben von Rauch
etwas bleibt, wenn wir gehen
unsere Schritte wirbeln Staub
zu Bedeutung auf
wir sind laut
brechen aus

Das Laufwerk

„Warum müssen Menschen zerbrechen?",
fragt sie, ihre Stimme zittert.
„Ich weiß nicht, warum oder ob es einen Sinn gibt.
Nur, dass erst wenn Licht gebrochen wird, all seine
Farben sichtbar werden."
Sie nickt kurz, Tränen tropfen leise von ihrer Nase.
„Aber es gibt Dinge, die sind nicht gerecht, die soll-
ten Menschen einfach nicht passieren."
„Ja, das stimmt. Diese Welt ist nicht fair. Ihr Lauf-
werk basiert auf Ungerechtigkeit."
Kurz Stille, dann verändert sich ihr Gesichtsaus-
druck.
„Vielleicht ist es das. Vielleicht müssen wir ihr
Laufwerk zerbrechen, wie das Licht, damit alle Far-
ben, die es gibt, endlich leuchten können."

Wie wir fühlen

Wir sind viele
wir sind gleich
wir sind alleine
wir sind meist
völlig verschieden

Du stehst auf
musst langsam heim
ich seh' dich an und denke leise
bitte bleib'
die Idee von distanziert
als Synonym für stark sein
nimmt noch immer zu viel Raum ein
ich will diese Norm zerreißen
will dich sehen
will dich hören
und dir nah sein

Wir sind viele
wir sind gleich
wir sind alleine
wir sind meist
völlig verschieden

Wünschte, du wärst geblieben
Karten, Ängste, Zweifel auf den Tisch

eine Träne auf deinem Gesicht
und meine eigenen dazu, daneben
hättest du das Beben meiner Finger gesehen
und die Gedanken und Gefühle
die deinen so ähneln
obwohl du du bist
und ich ich
und wir verschiedene Wege gehen
vielleicht hätten wir gesehen
und verstanden
dass nichts ist, wie es scheint
und da zwischen uns etwas bleibt
wenn wir gehen lassen
was wir erwarten
von uns selbst und allen andern
gegenseitig zugestehen
dass wir sind, wer wir sind
und das okay und richtig ist

Wir sind viele
wir sind gleich
wir sind alleine
wir sind meist
völlig verschieden

Was bleibt übrig
wenn wir stets versuchen, zu besiegen
wer sind wir
wenn unsere Tiefen
vor allen verborgen liegen
und wie könnte leben sein
wenn wir uns fallen lassen, hin und wieder
um manchmal zusammen zu fühlen

Wir sind alleine
wir sind meist
völlig verschieden
doch bei dir hör' ich auf
mich zu verbiegen
wir sind viele
wir sind gleich
wir fühlen
und dürfen das auch zeigen
und erfahren, dass wir mit allem
was da ist
nie allein sind

silent tear

here I am now
finally dare to cry
this silent tear
and silence
has never been so loud
so full of
unfelt things
sleeping under my surface
ever since I remember
ever since I think

here I am now
breaking down and rising
in the same moment
the same silent tear

and silence
has never been
this heavy
and this freeing
all at once
so full of
hurt
and space for it
to be there
without self-judgement

one silent tear
has never been this powerful
for when I dared
to cry and let it all out
I chose

to be
all I am
with all I have

here I am now

Bis wir es wieder wissen

Der Himmel
er ist einfach nur da, so wie er ist
seine so lang bekannten Farben
immer wieder neu vermischt
und leuchtet hinter Wolken
manchmal leuchten sie mit

Haben ihn schon tausendmal gesehen
und bleiben doch immer wieder stehen
und fangen ihn ein
in einem Bild, mit einem Blick

Seine endlose Weite
breitet sich aus, in uns hinein
bis wir es wieder wissen
dass unser bloßes Sein
faszinierend leuchtet
in wunderschönen Nuancen
und was wir in uns sind
schon immer endlos reicht

Mixtape

Diese Welt, sie baut Druck
in uns auf, ist zu laut
ich will raus
heb' mich auf
dreh' ihre Lautstärke aus
meine rauf, schmeiß' die Scheinwerfer an
nehm' mir Raum für den Klang
meiner inneren Welt
mit der Zeit fällt
der Schleier, es leichter
bin dann leichter
wache auf
strahle über die Grenzen
meines Körpers hinaus
ich bin mehr, mehr als ich geglaubt
hab', will mehr fühlen wie jetzt
wenn ich loslass'
weiß, dass ich sein darf
wer ich immer schon war, unsichtbar
ich bin richtig, bin da
und der Druck nicht mehr so stark
auch wenn ihr Sound wieder da ist
und meiner in alldem
manchmal weniger klar ist

weiß ich, dass ich da bin
und dass ich mich mag

Revolution

Ist es nicht merkwürdig, dass wir ständig reden und Dinge zueinander sagen, gemeinsame Stille so oft vermeiden und doch so vieles verschwiegen bleibt?

Und wie würde eine Welt aussehen, in der dieses Verhältnis anders ist?

Ich existiere und spüre, dass ich leben will. Und wenn ich dir davon erzähle, sagst du, dass es dir auch so geht.
Und wir beginnen zu reden über alles, was das bedeutet und bemerken, wie still wir waren in all dieser Zeit, in der wir das in unseren Tiefen verschlossen hielten. In diesem Moment sind wir ehrlich zu uns selbst und vertreiben den Nebel und verstehen wie gewaltsam ein System ist, das Menschen dazu bringt, einsam zu schweigen und sich selbst nicht zu glauben.

Denn wer glaubt das schon? Dass es eine Rolle spielt, was unter unserer Oberfläche liegt.
Dass es für einen Anfang reicht, das alles gemeinsam zu fühlen und mit jeder Faser unserer Existenz Gerechtigkeit zu wollen.
Dass darin eine echte Kraft liegt.

Wir sind Fragmente einer zerbrochenen Wahrheit. Zersplittert treiben wir in resignierter Gleichgültigkeit, die Suche nach Hoffnung aus Köpfen verbannt und in Schweigen verhüllt.

Und in dem Augenblick, in dem wir dasaßen und dieses Schweigen brachen, fanden wir ein erstes bisschen Hoffnung wieder.
Und vielleicht sind Worte über was sonst nur in Gedanken ist der erste Klang von Revolution.

Und ich weiß nicht, was daraus wird, weiß, dass ich niemals wissen werde. Ich kann nur fühlen und denken, hier wo ich gerade bin.
Und ich denke ich fühle die Leere, da wo Leben sein sollte. Sie füllt die Lücken in uns mit lautem, schwerem Nichts. Und drängend liegt in ihr der Ruf nach Revolution. Ich höre ihn, wann immer ich in die Welt hinausschaue.

Ich sehe das Ungleichgewicht, schwebe irgendwo zwischen oben und unten, bekomme hier, wo ich stehe, schon viel zu oft zu wenig Luft und kann nur schemenhaft erahnen, wie sich das unterste Ende dieser Ordnung anfühlen muss. Sehe die Muster und Linien, in denen sich alles bewegt, ihre subtilsten und explizitesten Formen und ja, es ist leicht, sie zu leugnen, vor allem, wenn man zu denen gehört, die all das am wenigsten spüren.

Doch sie sind da und sie sind real und all das hängt zusammen und das darf nicht im Schatten bleiben und einfach so weitergehen.

Und ich halte das nicht aus, keine weitere Sekunde, habe das Gefühl, ich muss schreien, so laut ich kann. Schreie das System aus mir raus und weiß doch, dass ich es in mir trage solange ich lebe, denn ich habe es mit meinem ersten Atemzug in mich aufgenommen. Und in diesem Schmerz, dieser Wut liegt alles, was ich für mein Handeln brauche.

Revolution ist die logische Konsequenz der Akzeptanz von Realität. Und das Ende von Verleugnen markiert ihren Anfang.

Wir sind Fragmente einer zerbrochenen Wahrheit. Sind Fragmente.
Sind zerbrochen.

Ich hör' dir zu und du mir und wir füllen die Leere zwischen uns mit dem, was sonst in all unseren Worten verschwiegen blieb und leise und entschlossen fangen wir an, an diese Möglichkeit zu glauben.

Wir sind Wahrheit.
Sind Hoffnung.

Und vielleicht gibt es keine feste Antwort.
Nur die Frage, die in alldem, was wir tun, mitschwingt:

Wie könnte diese Welt aussehen?

Was passiert

Was passiert
wenn Gefühle Worte werden
und was in meinem Inneren geschieht
dann außen offen liegt
ich meine Abgründe
in deine Hände lege
du sie sehen
vielleicht fühlen kannst?

Was passiert
wenn ich sie überwinde, die Angst
vor dem Gesehenwerden?

Was passiert
wenn wir uns öffnen
vor uns selbst wirklich ehrlich sind?

Was passiert
weiß ich nicht
doch weiß, ich tu's
und lasse los

Was passiert - ?